LA LÉGALITÉ

DES

OPÉRATIONS DE BOURSE

EXÉCUTÉES PAR

LES BANQUIERS ET COULISSIERS

(CONSULTATION)

PAR

S. VAINBERG

DOCTEUR EN DROIT, AVOCAT A LA COUR DE PARIS

PARIS

IMPRIMERIE TYPOGRAPHIQUE DE P. DUBREUIL

18 et 18 *bis*, RUE DES MARTYRS

1885

LA LÉGALITÉ

DES

OPÉRATIONS DE BOURSE

EXÉCUTÉES PAR

LES BANQUIERS ET COULISSIERS

(CONSULTATION)

PAR

S. VAINBERG

DOCTEUR EN DROIT, AVOCAT A LA COUR DE PARIS

PARIS

IMPRIMERIE TYPOGRAPHIQUE DE P. DUBREUIL

18 et 18 *bis*, RUE DES MARTYRS

—

1885

M. G..., demeurant à Berlin, a fait, par l'intermédiaire de MM. F... S... et Cie, différentes opérations à la Bourse de Paris.

A la liquidation, le premier se trouvait débiteur d'une somme de 11,155 fr. 05 cent. qu'il s'est refusé à payer, en alléguant des motifs indiqués et réfutés ci-après. Sur ce refus, MM. F... S... et Cie ont assigné M. G... devant le Tribunal de Berlin. M. G... a alors soutenu que, les opérations ayant été faites à Paris, c'était la loi française qui devait lui être appliquée.

Cette exception étant absolument justifiée, nous avons dû réfuter les moyens de droit et de fait présentés par M. G..., car il est indubitable que c'est la loi française que le Tribunal de Berlin est appelé à appliquer.

M. G... oppose trois moyens de droit, et deux moyens de fait, à la demande de MM. F... S... et Cie.

Les moyens de droit sont :

1° L'exception tirée de l'article 76 du Code de commerce, consistant à déclarer que toute opération de Bourse faite sans l'entremise d'un agent de change doit être considérée comme nulle et non avenue;

2° L'exception de jeu, tirée de l'article 1965 du Code civil ; M. G... soutient que les opérations faites pour son compte ne sont que des jeux de Bourse, dépourvus de toute action en justice;

3° L'argument tiré de l'article 94 du Code de commerce, d'après lequel un commissionnaire doit observer les dispositions du livre III, titre XIII du Code civil ; MM. F... S... et Cⁱᵉ ne peuvent donc invoquer, en leur faveur, leur qualité de commissionnaire, puisqu'on peut leur opposer l'article 1993 du Code civil.

Quant aux deux moyens de fait, voici quels ils sont :

1° M. G... n'a jamais donné l'ordre de reporter 150 Banque ottomane fin avril; il n'en a jamais manifesté l'intention, et, la liquidation de l'opération n'a jamais été faite avec son consentement.

2° M. G... conteste, non seulement le cours auquel a eu lieu, le 15 avril, la vente de 150 Banque ottomane, mais aussi le droit de vendre ces titres à cette époque, puisqu'ils avaient été reportés fin avril.

Examinons chacun de ces moyens, et soumettons-les à une analyse serrée et juridique.

Tout d'abord, il importe de constater que M. G... ne recule devant aucun moyen déloyal. Il est certain que, s'il avait réalisé un bénéfice, il n'aurait certainement pas hésité à se l'approprier, malgré les prétendues transgressions des articles de loi cités plus haut. La seule circonstance que ces opérations se traduisent par une perte éveille ses scrupules. Puisqu'il a le triste courage de se décerner ainsi lui-même un certificat de mauvaise foi, voyons s'il peut trouver une protection efficace dans les arguments juridiques invoqués par lui.

_-- 5 --_

I

M. G... invoque l'article 76 du Code de commerce, c'est-à-dire qu'il conteste la qualité d'intermédiaire légal de MM. F... S... et Cie. Il invoque également l'exception de jeu, tirée de l'article 1965 du Code civil.

Or, ces deux moyens de droit se contredisent, et même se détruisent réciproquement. Ils ne peuvent être soulevés ni alternativement, ni successivement.

En effet, l'exception de jeu est d'ordre public. C'est un argument de droit, fait pour l'intérêt général, et qui subsiste toujours, nonobstant les conventions des parties. Le législateur refuse toute action pour opérations de jeu ; il ne veut pas que le créancier puisse demander, devant la juridiction compétente, le paiement de sa créance, de même que le joueur ne peut exiger le remboursement de ce qu'il a déjà payé.

La loi déclare le jeu une _causa turpitudinis_, et ne veut pas lui accorder sa protection.

Si donc M. G... soutient qu'il a fait une opération de jeu, il n'est pas, en même temps, en droit de soutenir que MM. F... S... n'avaient pas qualité de faire un acte illégal.

L'exception de jeu a pour effet de détruire toute intervention judiciaire, et de contester à la justice le droit de s'immiscer dans des affaires qui sont mises hors la loi; tandis que l'exception tirée de l'article 76 du Code de commerce a précisément pour but de reconnaître la légalité de l'opération elle-même, en réservant seulement la discussion sur la qualité légale du mandataire ; dès que cette dernière question est tranchée dans un sens favorable au mandataire, l'opération est sérieuse, et le débiteur doit la somme qui en résulte.

M. G... ne peut donc, à la fois, invoquer un moyen qui conteste à la justice toute intervention, et, en même temps, soulever une autre exception, portant sur le caractère de l'intermédiaire.

La jurisprudence du Tribunal de commerce de la Seine est constante à ce sujet. Elle a toujours repoussé l'exception de l'article 76, l'orsqu'on a, en même temps, soulevé l'exception de jeu. Cette manière de décider est, en effet, aussi logique que juridique.

Il faut que M. G... se mette d'accord avec lui-même, et qu'il sache ce qu'il veut. Oui ou non, a-t-il joué ? Si oui, s'il prouve que réellement il s'est livré à de simples opérations de jeu, le Tribunal doit repousser la demande de MM. F... S... quelle que soit, d'ailleurs, leur qualité de mandataire, légal ou seulement toléré. M. G... au contraire, a-t-il fait une opération sérieuse ? Alors, il ne peut plus invoquer l'article 1965 du Code civil, mais seulement l'article 76 du Code de commerce, — et nous aurons à discuter la qualité de MM. F... S..., et à voir si ces derniers avaient, ou non, le droit de faire les opérations dont s'agit.

Dans tous les cas, M. G..., il importe bien de le noter, ne peut pas invoquer ces deux moyens à la fois. Il ne peut pas soutenir, tantôt qu'il a fait une opération fictive, tantôt que cette opération est sérieuse.

Il lui faut absolument choisir entre ces deux moyens, et se décider pour l'un ou pour l'autre.

Voyons lequel des deux il peut invoquer avec succès.

II

Peut-il soulever l'exception tirée de l'article 76 du Code de commerce, et l'opposer à MM. F... S...? En d'autres termes, est-il fondé à leur dire : « Je me refuse au paiement de la somme que vous me réclamez, parce qué vous n'êtes pas agent de change, et que les opérations de Bourse doivent toujours se faire par l'intervention de cet intermédiaire, qui, seul, est un mandataire légal. Vous vous arrogez un droit qui ne vous appartient pas, et que la loi elle-même vous interdit de prendre. Vous n'avez, par conséquent, pas le droit d'exiger de moi le paiement de la somme que vous me réclamez ? »

Dans notre espèce, cette objection ne nous paraît pas sérieuse. Nous croyons que l'article 76 du Code de commerce ne peut pas recevoir application pour les opérations exécutées par MM. F... S... pour le compte de M. G...

En effet, si le monopole des agents de change a été institué, non pas seulement en faveur des agents de change eux-mêmes, mais aussi pour la garantie du public et la sauvegarde de l'épargne, il faut aussi que les titres faisant l'objet des opérations soient cotés ou, tout au moins, susceptibles d'être cotés. Or, il ne faut pas oublier qu'à la Bourse de Paris on distingue deux sortes de titres : les valeurs *cotées* et les valeurs *en banque*. Les premières sont traitées par les agents de change ; les autres sont abandonnées au marché libre. Il est même beaucoup de valeurs qui, malgré leur ad_ mission à la cote officielle, sont cependant presque exclusivement traitées sur le marché libre, et que la pratique n'a pas hésité à considérer comme étant des valeurs en banque.

De nombreuses décisions judiciaires ont confirmé et ratifié cette manière de voir et d'agir de la pratique. (Voir, dans le *Journal des Valeurs mobilières*, mars 1882, notre article sur les *Valeurs en banque*).

La raison de cette pratique et de cette jurisprudence est très facile à concevoir.

Le nombre des valeurs admises à la cote de la Bourse s'élève à près de 500 ; tandis que, en réalité, le parquet ne s'occupe effectivement que de 50 à 60 valeurs, les autres sont abandonnées au marché libre.

Or, demander l'entremise d'un agent de change pour une opération qui ne réclame pas l'intervention de cet officier ministériel, c'est non seulement contraire à l'usage de la Bourse de Paris, c'est aussi exiger une chose absurde et, par conséquent, illégale.

C'est, pourtant, le cas de M. G...

Il n'a fait que deux opérations, sur deux valeurs considérées comme appartenant principalement au marché en banque, et dont la négociation n'est presque jamais faite par le parquet.

Ces valeurs sont les actions de la Banque ottomane et les obligations Égyptiennes, qui, nous le répétons, ne sont, pour ainsi dire, jamais traitées par le parquet, mais spécialement sur le marché libre, c'est-à-dire par les banquiers et les commissionnaires en titres, que l'on désigne ordinairement sous le nom de *coulissiers*.

Un jugement du Tribunal de commerce de la Seine, du 4 février 1876, décide que « l'ordre pur et simple, donné à un banquier, d'acheter une valeur étrangère qui se négocie à la fois en Bourse, en banque et à la coulisse, n'implique pas l'obligation de faire cet achat en Bourse, par ministère d'agent de change. » (*Gazette des Tribunaux*, 24 février 1876.)

Au reste, les valeurs dont s'agit fussent-elles même traitées au parquet, M. G... ne pourrait invoquer l'article 76 du Code de commerce qu'autant qu'il aurait préalablement démontré que les opérations n'ont pas été faites par l'intermédiaire d'un agent de change. C'est à lui qu'incombe cette preuve.

Il a, en effet, donné un ordre à MM. F... S..., c'est-à-dire qu'il les a constitués ses mandataires ; ceux-ci, en temps utile, l'ont averti de l'exécution de cet ordre, sur laquelle il n'a soulevé aucune objection. Ce n'est qu'au moment où son compte se solde par une perte qu'il soulève l'exception tirée de l'article 76 du Code de commerce.

Ce système n'est pas moins déloyal qu'anti-juridique.

Il est déloyal, parce qu'il n'est imaginé que pour soustraire M. G... à l'accomplissement de ses engagements.

Il est anti-juridique, parce que la mauvaise foi ne se présume pas, et que c'est à M. G... à la prouver.

Au reste, trois arrêts de la Cour de Paris ont consacré ce système, dans des termes meilleurs que ceux que nous pourrions employer, et ils ont décidé que c'est au débiteur à faire la preuve que l'opération au paiement de laquelle il se refuse a été exécutée sans le concours d'un agent de change.

En voici le texte :

1er arrêt. — 10 mars 1882.

« La Cour,

» Sur l'exception tirée de la violation de l'article 76 du Code de commerce ;

» Considérant qu'il incombe à J..., qui l'allègue, d'établir que les négociations d'achat ou de vente des valeurs pour lesquelles il a donné des ordres à X... ont été effectuées, non par ministère d'agent de change, mais par des intermédiaires sans qualité à cet effet ;

Qu'il ne fournit pas cette preuve, et qu'il ne saurait y suppléer par sa seule déclaration. »

2ᶜ arrêt. — 1ᵉʳ avril 1882.

« La Cour,

» Considérant qu'il incombe à D..., qui l'allègue, d'établir que les négociations que P... a effectuées sur ses ordres n'ont point été opérées par le ministère d'agent de change ; *qu'il ne fournit point cette preuve, et ne l'appuie que sur des présomptions sans portée. »*

Enfin, *3ᶜ arrêt. —* 22 juin 1832.

« La Cour,

» Considérant que G... *se borne à alléguer* que les opérations auxquelles il s'est livré au cours des années 1866 et 1867, portant sur des effets publics, ont été accomplies par G... sans recourir au ministère d'un agent de change ;

» Qu'à l'appui de cette obligation il ne produit ni les bordereaux qui lui ont été adressés au sujet desdites opérations, ni les pièces de correspondance qui s'y rattachent ;

» Qu'il représente seulement l'extrait d'un compte courant mentionnant le résultat en perte ou en bénéfice pour lui de la liquidation de chaque quinzaine pendant quelques mois de 1866 et de 1867 ; que ce document est sans signification ni valeur, et ne forme même pas un adminicule de preuve ;

» Qu'il s'ensuit que C... ne justifie pas l'exception par lui proposée. »

Pour nous résumer sur ce point, nous dirons que M. G... ne peut pas invoquer, en sa faveur, l'article 76 du Code de commerce, parce que les titres sur lesquels il a fait des opérations sont des valeurs *en banque* ; et que, même si elles n'étaient pas telles, ce serait encore à lui qu'incomberait la tâche de prouver que cette opération, dès l'origine, a été faite sans l'intermédiaire d'un agent de change.

III

M. G... sera-t-il plus heureux sur la question de l'exception de jeu, tirée, comme nous l'avons dit, de l'article 1965 du Code civil ?

Nous ne le croyons pas, et nous allons le démontrer.

La loi sur les marchés à terme, promulguée le 8 avril 1885, dit, dans son article 1er :

« Tous marchés à terme sur effets publics ou autres, tous marchés à livrer sur denrées et marchandises sont reconnus légaux. Nul ne peut, pour se soustraire aux obligations qui en résultent, se prévaloir de l'article 1965 du Code civil, lors même qu'ils se résoudraient par le paiement d'une simple différence. »

Les termes de cet article, on le voit, sont suffisamment clairs et précis : Personne ne peut plus invoquer l'exception de jeu, même si l'opération devait se résoudre par une simple différence.

Cette loi, en outre, est une loi *d'ordre public*, c'est

à-dire qu'elle n'est pas régie par l'article 2 du Code civil, d'après lequel la loi ne dispose que pour l'avenir et n'a point d'effet rétroactif.

La loi du 8 avril 1885, étant une loi d'ordre public, a, par conséquent, un effet rétroactif. Elle ne prescrit pas seulement pour l'avenir, elle régit aussi le passé.

En effet, une jurisprudence constante, approuvée par tous les auteurs et basée sur les meilleurs arguments, admet que l'empire de la loi d'ordre public s'étend aussi bien au passé qu'à l'avenir.

Ainsi, on lit dans le répertoire de M. M. Dalloz, v° *Lois*, n° 192 : « Les lois qui intéressent l'ordre public et les bonnes mœurs, celles dont le but est de garantir la sûreté des citoyens, ne sont pas soumises au principe de la non-rétroactivité ; elles régissent le passé, parce que l'intérêt général exige que la règle nouvellement introduite soit immédiatement appliquée ; .... parce qu'il est à présumer que tous les citoyens ont un intérêt égal à ce que les lois d'ordre public soient immédiatement exécutées, et que, par conséquent, l'exécution de la loi nouvelle est ordonnée au même moment, et sans distinction, pour tous les citoyens. »

M. Duvergier (sur Toullier, tome I, page 53) dit également :

« Il serait absurde de maintenir ce qui trouble l'ordre public, ce qui offense les bonnes mœurs, de peur de blesser les principes de la non-rétroactivité. »

M. Mailher de Chassat (Commentaire sur l'article 2 du Code civil, page 135) déclare que :

« Il est une espèce de lois, que j'appellerai lois mo-

rales, d'ordre public, et qui, par leur nature, se repor-
tent sur les faits passés, sans rétrograder. »

Laurent (tome I, n° 164) s'exprime ainsi :

« Il y a des lois qui sont essentiellement d'intérêt
général, et qui, par leur nature, régissent le passé,
sans que le législateur ait besoin de le dire. Telles sont
les lois politiques. Il en est de même, en matière de
droit privé, des lois d'ordre public. »

La question est donc de savoir si la loi sur les marchés à terme est une de celles qui doit être considérée
comme une loi d'ordre public.

Pour nous, la question ne saurait faire doute.

En effet, l'article 2 du Code civil établit, d'une manière générale, la non-rétroactivité de la loi. Mais nous
avons cité les autorités qui admettent des exceptions à
cette règle générale ; et, sans crainte d'être démenti,
nous pouvons ajouter qu'une jurisprudence considérable abonde en ce sens.

La raison en est très facile à comprendre.

La rétroactivité de la loi est, le plus souvent, incom-
patible avec la liberté et la sûreté des citoyens. La
maxime fondamentale de notre droit : « *Nul n'est censé
ignorer la loi,* » suppose que chacun n'est tenu de connaître et de respecter que la loi en vigueur au moment
où il agit.

« Lorsque la législation existante, dit un remarqua-
ble article publié dans *La Loi* du 8 août 1885, a fourni
aux citoyens un juste motif de leur conduite ; lorsque
les personnes ont modifié leur état ou leur patrimoine,
avec l'espoir que les conséquences de leurs actes se
développeraient selon le droit établi, il y aurait iniquité
à décevoir ces calculs et à donner aux actions des

suites non seulement imprévues, mais impossibles à prévoir ; les parties ne pouvaient obéir d'avance à la loi future ; elles ont fait ce qu'elles devaient, en se conformant à la loi présente ; elles ont droit acquis au bénéfice de cette loi. Si leur confiance était trompée, si les lois nouvelles avaient pour résultat d'anéantir rétroactivement les effets des lois anciennes, il n'y aurait plus de sécurité, partant plus de prospérité de l'Etat ; le plus grand trouble s'ensuivrait dans les rapports juridiques, et tous les avantages de la législation écrite seraient perdus. Voilà les raisons du principe de la non-rétroactivité.

« Mais, toutes les fois que les parties ne se sont pas déterminées en considération de l'ancienne loi, ou que l'ancien ordre de choses n'a pas amené une modification licite d'état ou de patrimoine, la cause de la non-rétroactivité disparaît. Nul ne peut se dire lésé par la loi nouvelle, et prétendre à des droits acquis en opposition avec le nouveau texte. La dernière loi, étant toujours présumée la meilleure, s'applique à tous les rapports de droit, quelle qu'en soit la date ; elle gouverne le présent, le passé et l'avenir. C'est ainsi que les lois sur la compétence des juridictions, la procédure des affaires civiles ou l'instruction des affaires criminelles, rétroagissent invariablement, parce que la pensée d'être jugé par tel tribunal ou d'avoir recours à telle manière de faire valoir le droit ne fournit pas aux parties le principal motif de leur acte. On n'a pas de droit acquis à la juridiction ou à la procédure.

» Demander si la loi sur les marchés à terme est rétroactive, c'est donc demander si la rétroactivité de cette loi porterait atteinte à des droits acquis. Traduité

sous cette forme, la question est-elle susceptible de
deux réponses? Quelle était la situation des parties et
quels étaient les droits acquis, en cas de vente
fictive de valeurs mobilières, avant la loi du 28 mars?
D'après les articles 1965 et 1967 du Code civil, ni le
vendeur ni l'acheteur n'avaient d'action l'un contre
l'autre. Ils ne pouvaient être contraints par autorité de
justice de tenir leurs promesses. Seulement, s'ils
exécutaient leur contrat de leur plein gré, le caractère
illicite de l'opération n'empêchait pas le contrat d'être
valable; ils avaient droit acquis à l'exécution volon-
taire. Mais avaient-ils droit acquis à l'exception de
jeu? *Non, car on ne saurait avoir droit acquis au bénéfice de la mauvaise foi.* Sans doute, le perdant n'aurait
peut-être pas fait le marché, s'il n'avait compté sur la
ressource de l'exception de jeu, en cas de perte. Il a
traité avec l'arrière-pensée d'invoquer l'exception si
la chance lui était défavorable, et la disposition de l'article 1965 a été ainsi le motif de son acte; mais ce n'est
point un juste et loyal motif, tel que ceux d'où résultent les droits acquis.

. » Le vendeur et l'acheteur ne peuvent avoir droit
acquis qu'à ce qui a été convenu entre eux. Or,
l'exception de jeu ne dérive point de la convention, n'est point une suite directe de l'accord des
volontés. Ce n'est pas l'intention des contractants
qui l'a fait naître, c'est la loi qui l'a créée, non
en faveur de l'une ou de l'autre des parties, qui
sont peu dignes d'intérêt, mais afin de prévenir l'agio-
tage et d'assurer le crédit public. L'exception est insti-
tuée en haine des contractants plutôt qu'en leur faveur.
Elle ne leur est pas accordée, elle leur est imposée;

ils n'y peuvent renoncer par une clause expresse. A
vrai dire, l'exception est hors du domaine privé. Les
magistrats ont le droit et le devoir de la proposer, et
lorsqu'un plaideur allègue l'article 1965 devant un
tribunal, il n'invoque pas un moyen de droit, car nul
n'est admis à exciper de sa propre contravention aux
lois. Il se borne à rappeler aux juges qu'ils ne doivent
pas accueillir une demande fondée sur un acte illicite,
et à leur indiquer la décision qu'ils devraient prendre
d'office, alors même que le défendeur ferait défaut. Il
est donc clair que la loi du 28 mars, qui restreint le
champ d'application de l'article 1965, ne porte atteinte
à aucun droit acquis, *et a effet rétroactif.*

» Il y a du reste, dans la loi, une disposition incon-
testablement rétroactive; c'est l'article 2, par lequel
sont abrogés les articles 421 et 422 du Code pénal. On
a toujours attribué effet rétroactif aux lois destinées à
adoucir une peine ou à supprimer une infraction.
L'article 4 du Code pénal, qui établit le principe de non-
rétroactivité en matière criminelle, est écrit en faveur
des justiciables, afin que nul ne soit puni sans avoir
su d'avance à quel châtiment il s'exposait; ce serait
fausser le principe que le retourner contre les délin-
quants. La société, lorsqu'elle édicte une loi moins
sévère, déclare n'avoir plus intérêt à la répression, ou
du moins à une répression si rigoureuse; elle n'a
plus de motif d'infliger la peine portée par l'ancienne
loi. Aussi est-ce un point au-dessus de toute contestation qu'en droit pénal, la loi la plus douce rétroagit.
L'article 2 de la loi du 28 mars, qui enlève aux paris
sur la hausse et la baisse des effets publics tout carac-

tère délictueux, a donc un effet rétroactif, quoique le législateur ne l'ait pas exprimé. »

A ces excellents arguments, il en est encore d'autres que l'on doit ajouter, — et qui sont tout aussi décisifs. Pour abréger, nous nous contenterons de les résumer.

Supposons que le perdant invoque, devant le tribunal saisi du litige, l'exception de jeu, et soutienne que la loi du 28 mars 1885 n'a pas d'effet rétroactif. Qu'arrivera-t-il alors ? Le perdant se dénonce lui-même avoir commis un acte illicite, prévu et puni par les articles 421 et 422 du Code pénal. Il est évident que, dans ce cas, le ministère public, profitant de cet aveu, peut le poursuivre devant le tribunal correctionnel. Et nous assisterons ainsi à un étrange spectacle. Nous verrons le joueur invoquer l'article de la loi nouvelle et soutenir, avec raison, que cette loi a effacé le caractère délictueux de l'opération faite par lui, car toute loi supprimant une infraction a un effet rétroactif, et aucune peine ne doit, désormais, lui être appliquée.

La sanction civile et la sanction pénale de la prohibition du jeu de Bourse n'auraient donc pas le même sort, la dernière étant abrogée pour le passé et l'avenir, la première pour l'avenir seulement.

C'est là une contradiction flagrante et absurde ; elle suffit amplement à faire juger le système qui y aboutit.

La Gazette des Tribunaux (n° du 23 avril 1885) a également défendu, avec beaucoup de force et de logique, la thèse de la rétroactivité de la loi. « On se demande, dit-elle, si cette loi prohibe l'admission de l'exception de jeu pour les marchés conclus avant sa promulgation, ou bien si elle ne sera applicable qu'aux marchés à terme conclus depuis le 8 avril 1885.

« Cette loi statue certainement sur un point d'ordre public. Jusqu'à présent, les marchés à terme qui se résolvaient par le paiement d'une différence étaient assimilés au jeu. Or, il est incontestable que la prohibition du jeu, contenue dans l'article 1965, est une disposition d'ordre public. Cela est si vrai que les tribunaux appliquaient cet article d'office. C'était par mesure d'ordre public que la loi refusait toute action en justice aux parties qui avaient conclu des marchés à terme, assimilés au jeu.

» La disposition législative qui abroge cette mesure d'ordre public, et qui accorde l'action en justice auparavant refusée, statue donc aussi en matière d'ordre public, car il résulte de sa promulgation que ce qui était l'ordre public de la veille n'est plus l'ordre public du lendemain.

» Or, il est de principe que les lois d'ordre public s'appliquent aussitôt qu'elles sont promulguées, car il n'est pas possible que les tribunaux appliquent dans leurs jugements des principes contraires à ce qui est l'ordre public au moment où ils se prononcent. Tous les auteurs qui ont examiné ces questions sont d'accord pour enseigner que le dogme de la non-rétroactivité des lois comporte une exception, lorsqu'il s'agit des lois réglant la matière d'ordre public.»

Enfin, M. Laurent (*loco citato*), dont la compétence sur toutes les matières du Code civil ne saurait être contestée, déclare :

« Il est indubitable que, depuis la promulgation

de la loi du 8 avril 1885, les tribunaux ne pourront plus appliquer d'office l'exception de jeu, *même à des marchés à terme conclus avant la loi*. Ils ne pourront plus refuser une action en justice à celle des parties qui se présentera devant eux pour demander l'exécution d'un marché de ce genre.

» Ce que les tribunaux ne pourront plus faire d'office, pourraient-ils le faire sur les conclusions d'une partie? Nous ne le pensons pas. En effet, s'ils ne peuvent plus, d'office, appliquer l'exception de jeu, parce que l'ordre public n'accepte plus cette exception, comment pourraient-ils l'admettre parce que l'une des parties invoquerait un moyen qui était d'ordre public hier, mais qui ne l'est plus aujourd'hui ? Pourrait-on dire qu'il y a des droits acquis et que, si la loi est déclarée immédiatement applicable, il y aurait une rétroactivité qui leur porterait atteinte? Il suffit de répondre qu'on ne peut jamais avoir de droits contre l'ordre public. »

On voit que la doctrine tend à déclarer que la loi sur les marchés à terme a un effet rétroactif, et que, par conséquent, l'exception de jeu ne peut plus être soulevée, même pour les opérations faites avant la promulgation de cette loi.

Nous avons, en outre, pour nous, l'autorité considérable de deux arrêts de la 5e chambre de la Cour de Paris, qui ont, en termes irréfutables, établi le système de la rétroactivité.

Le premier de ces arrêts porte la date du 6 juin 1885. En voici le texte :

« La Cour,

Sur l'exception de jeu,

Considérant que les lois, comme les conventions,

doivent être interprétées dans le sens où elles peuvent produire quelque effet, plutôt que dans le sens où elles n'en peuvent produire aucun ;

Que si la substitution du mot *se résoudraient* à ceux *devraient se résoudre*, faite par la commission du Sénat, devait être entendue comme n'empêchant pas de prouver par tous les moyens possibles que, dès l'origine, les contractants d'un marché à terme n'ont pas eu l'intention de faire un acte sérieux, mais de ne faire qu'une opération ou un pari sur la hausse ou la baisse des valeurs ou des marchandises, ce paragraphe 2 aurait été complètement inutile, puisqu'il n'aurait rien changé à l'état de choses existant ;

Que telle n'a pas été l'intention des auteurs de la loi nouvelle ;

Que, malgré l'ambiguïté qui peut résulter d'un changement de rédaction, il résulte des déclarations précises du rapport fait au Sénat et de celui fait à la Chambre des députés, que ce changement de rédaction ne devait s'appliquer qu'au cas expressémont prévu dans ces deux rapports, c'est-à-dire où la volonté des parties de ne faire qu'un jeu ou un pari serait, dès l'origine de leurs opérations, prouvée par écrit ; mais qu'au contraire, quand, dès l'origine des rapports qu'elles ont eus entre elles, les parties se présentent avec des écrits, conventions ou correspondances desquels résulte le plus habituellement la preuve d'un marché, cette preuve devient une présomption légale que les parties ont voulu faire une opération réelle et sérieuse ;

Considérant qu'aux termes de l'article 1352 du Code civil, il y a présomption légale interdisant la preuve du contraire, lorsque, sur le fondement de cette présomption, la loi dénie l'action en justice, c'est-à-dire accorde une exception péremptoire contre la demande ;

Considérant que celui qui oppose l'exception de jeu à une demande en paiement se porte demandeur aux fins de cette exception ; que c'est contre cette exception ou demande reconventionnelle que la nouvelle loi accorde une exception péremptoire résultant des faits antérieurs qu'elle a spécifiés, et constituant en faveur du demandeur originaire une présomption légale n'admettant pas la preuve du contraire ;

Considérant que, de ce qui précède, il résulte que la loi du 8 avril 1885 ne s'est pas bornée à statuer par voie d'interprétation législative sur les difficultés que pouvait entraîner l'application des lois anciennes ; qu'elle y a introduit une modification à l'article 1965 du Code civil, en interdisant, dans certains cas, d'opposer l'exception de jeu autorisée par cet article ;

Considérant qu'en principe général, toute personne a le droit de faire valoir en justice, au moyen d'une action ou d'une exception, les droits qu'elle prétend lui appartenir ; qu'il n'y a de dérogation que quand la loi interdit aux tribunaux de connaître de l'action ou de l'exception qui leur sont soumises ;

Que l'article 1er de la loi du 8 avril 1885 interdit aux tribunaux de connaître de l'exception de jeu soulevée devant eux, lorsque l'action du demandeur se présente en se fondant sur des conventions qui ont l'apparence des marchés faits réellement dans les conditions ordinaires ;

Considérant que les rédacteurs du Code civil ont pensé que l'ordre public était intéressé à ce qu'il ne fût fait aucune demande en justice pour obtenir le paiement des dettes de jeu et que c'est en se fondant sur ce principe, proclamé par notre ancienne jurisprudence, qu'ils ont édicté la prohibition générale et absolue de l'article 1965 ;

Considérant que le nombre et l'importance toujours croissants des marchés à terme sur effets publics et sur marchandises ont donné lieu, lorsqu'il s'est agi de les interpréter, à des difficultés et à des incertitudes de plus en plus grandes, desquelles il peut résulter que des parties ayant contracté sincèrement se trouvent victimes de la mauvaise foi de ceux qui se retrancheraient derrière l'exception de jeu pour ne pas exécuter leurs engagements ;

Que c'est en présence de ce résultat possible que les auteurs de la loi nouvelle ont considéré que l'ordre public n'était plus intéressé à ce que l'art. 1965 C. civ. pût être opposé à ceux qui réclameraient l'exécution des conventions dites marchés à terme ou à livrer ;

Qu'il était, au contraire, intéressé à ce que ces conventions fussent exécutées dans tous les cas, et à ce que celui qui, en fin de compte, se trouverait débiteur d'une simple différence, fût tenu de payer cette dette ;

Que cette loi rentre dans la catégorie des lois dites d'ordre public, qui saisissent les faits au moment même de leur promulgation, et qui ont, par leur nature même, un effet rétroactif. »

Le second de ces arrêts, en date du 19 juin 1885, n'est pas moins explicite :

« .... Considérant que la loi du 8 avril 1885 est une loi d'ordre public, au même titre que l'article 1965 dont elle restreint l'application :

« « Considérant que les lois d'ordre public régissent
aussi bien les faits antérieurs que ceux postérieurs à
leur promulgation ;

« Qu'on ne saurait admettre qu'il puisse y avoir pour
un débiteur un droit acquis à se soustraire au paiement
d'une dette librement contractée, parce que le législateur, par des considérations d'intérêt général, aura
momentanément mis obstacle à l'action du créancier,
alors qu'une loi ultérieure, par des considérations de
même nature, vient à lever cet obstacle. »

On voit donc que la doctrine et la jurisprudence éta-
blissent que l'exception de jeu ne peut plus être soulevée. M. G... ne peut donc plus opposer ce moyen,
surtout parce que les opérations faites pour son compte
ont été liquidées le 15 avril, c'est-à-dire après la promulgation de la loi sur les marchés à terme qui a eu
lieu le 8 avril. Nous n'avons donc pas besoin d'analyser
la question de la rétroactivité de la loi.

Mais supposons que, par impossible, on accepte la
non-rétroactivité de la loi et qu'on déclare même que
les opérations faites pour le compte de M. G... ont été
liquidées avant la promulgation de la loi, nous n'hé-
sitons cependant pas à déclarer que, même dans ce
cas, M. G... ne peut pas invoquer en sa faveur sa mauvaise foi, en soulevant l'exception de jeu. En effet, la
jurisprudence constante déclare que, pour qu'il y ait
jeu, il faut que les opérations faites pour le compte du
client dépassent la solvabilité de ce dernier, et que
l'agent intermédiaire prête sciemment son concours à ce
jeu.

(Jugement du Tribunal de commerce de la Seine, 11
juin 1864. Arrêt de la Cour d'appel, 6 mars 1866. Arrêt

de la Cour d'appel, 1ʳᵉ chambre, 4 janvier 1867 ; 2ᵒ chambre, 18 janvier 1870. Cour de cassation, chambre des requêtes, 15 juin 1874.)

Or, il est indubitable que les opérations sur 150 Banque ottomane et 100 obligations Égyptiennes sont bien loin d'atteindre, et, encore moins, de dépasser la fortune personnelle de M. G... Sur ce point donc, l'exception de jeu ne peut pas être soulevée par lui.

L'argument que M. G... fait valoir à l'appui de son système, et qui consiste à dire que les différents reports que MM. F... S... et Cⁱᵉ ont effectués pour lui ont suffisamment manifesté son intention de jouer, ne nous paraît pas bien sérieux. Il suffit de rappeler que tous les auteurs et la jurisprudence acceptent ce cas comme légal et, par conséquent, comme valable.

M. Buchère, conseiller à la Cour de Paris, dit, dans non excellent ouvrage : *Traité des opérations de Bourse*, nᵒ 423 : « La validité de ces opérations ne pourrait être contestée ».

M. Guillard (*les Opérations de Bourse*, tome 742) dit :

« Le report nous paraît une vente réelle, et non un prêt déguisé sous une vente. »

« Le report, dit M. Troplong, n'est pas un jeu ; c'est une sorte de placement à intérêts. Rien n'y est aventureux ou illicite. L'achat est sérieux, il transfère la propriété ; la revente ne l'est pas moins : d'une part, la certitude de la propriété sur la tête du revendeur est si évidente qu'on n'a jamais pensé à appliquer ici la formalité du dépôt prescrite par les arrêts du Conseil de 1785 et de 1786 ; de l'autre, cette revente fait passer tous les risques de baisse du côté de l'acheteur. *Res perit domino*. Tout se réduit à un prêt à intérêt, que l'on opère sous forme d'achat. Le report est extrêmement utile. Il lie les marchés au comptant avec les marchés à terme. Il porte sur les fonds publics une masse considérable de capitaux qui leur donne un mouvement continuel. M. Fremery l'appelle avec raison la clef du système des opérations de Bourse. (Troplong, sur l'art. 1965, n° 150.

M. Bozérian, qui conteste la validité de cette opération, reste seul avec son opinion, qui a été contredite et réfutée avec succès par la doctrine et la jurisprudence. (Paris, 21 mars 1825. — 11 mars 1851.)

Sous quelque point de vue qu'on envisage la question, que la nouvelle loi du 28 mars sur les marchés à terme ait, ou non, un effet rétroactif, l'exception de jeu ne peut pas être soulevée par M. G..

Nous espérons avoir démontré avec succès que toutes les opérations traitées pour le compte de M. G... sont absolument légales, et qu'on ne peut leur opposer ni l'exception tirée de l'article 76 du Code de commerce, ni l'exception de jeu résultant de l'article 1965 du Code civil.

IV

Nous pourrions nous arrêter là et négliger, sans aucun inconvénient, la réfutation du dernier argument de M. G... consistant à dire que MM. F... S... et Cie ne peuvent pas s'arroger la qualité de commissionnaire. Cependant, pour être complet, nous ne reculons pas devant cette discussion superflue, et nous espérons démontrer que cette allégation ne peut être avancée que par ignorance de nos lois et de notre jurisprudence.

En effet, il suffit de jeter un regard sur le titre de la section II du titre V° et sur le titre de la section II du titre VI° du Code de commerce.

La section II du titre V° est intitulée « Des agents de change et courtiers », tandis que la section II du titre VI° porte le titre « Des commissionnaires en général. »

Le commissionnaire, d'après l'article 94, est celui qui agit en son propre nom ou sous un nom social pour le compte d'un commettant. On voit que, suivant cette disposition légale, le commettant n'intervient jamais personnellement. Le commissionnaire traite en son nom ou au nom du commettant ; la recherche de la contre-partie, aussi bien que la conclusion de la convention, est son œuvre exclusive, et, en échange de ce service, il a le droit d'exiger une rémunération.

Le courtier, au contraire, quoique agent intermédiaire, doit se contenter, après avoir trouvé la contre-partie à son client, soit un vendeur, soit un acheteur, de les mettre tous deux en présence pour débattre eux-mêmes les conditions du marché. Il a, il est évident, une certaine analogie avec le commissionnaire, par son rôle d'intermédiaire et par son salaire ; mais il se distingue de celui-ci par l'absence de toute intervention dans le contrat.

De là résultent nécessairement deux situations bien distinctes :

La commission a toujours été libre, et même débarrassée de toute espèce de réglementation. Le courtage, au contraire, a été l'objet, jusqu'en 1866, d'un monopole, aboli il est vrai ; mais cela n'empêche pas que le Code de commerce a créé cette distinction. Le courtier ne pouvait prendre aucun intérêt personnel dans le affaires où il s'entremettait; aucune prohibition de ce genre n'a jamais existé pour le commissionna ire. Un courtier ne pouvait faire aucune opération de banque ou de commerce pour son propre compte, tandis que, le plus souvent, le commissionnaire a été et est encore lui-même un négociant.

Or lequel de ces deux rôles la loi assigne-t-elle aux agents de change? Sur cette question, au*une hésitation n'est possible. C'est bien celui de courtier, et non celui de commissionnaire. D'abord, comme nous venons de l'indiquer, elle s'occupe de ces deux catégories d'intermédiaires dans deux titres différents du Code de commerce. Le titre II traite exclusivement des commissionnaires, tandis que, dans le titre V, la loi réunit, sous une même rubrique, les agents de change et les courtiers.

L'article 74 édicte : « La loi reconnaît, pour les actes de commerce, des agents intermédiaires : les agents de change et les courtiers. » En outre, les articles suivants contiennent une série de prescriptions communes aux courtiers et aux agents de change, ce qui prouve que le législateur a entendu, et a aussi, du reste, clairement manifesté sa volonté à ce sujet : les mettre sur le même rang. Ainsi, l'article 85 défend aussi bien aux courtiers qu'aux agents de change de faire le commerce pour leur propre compte, de s'intéresser dans aucune entreprise commerciale, de recevoir ou payer pour le compte de leur commettant. L'article 86 leur défend encore de se rendre garants de l'exécution des marchés dans lesquels ils s'entremettent. L'article 84 leur impose l'obligation de tenir les mêmes livres. L'article 76 leur réserve le droit exclusif de négocier les valeurs métallique ;

et, enfin, l'article 81 admet la possibilité de cumuler les deux fonctions.

De ces dispositions légales, il résulte donc nécessairement et clairement que la vente ou l'achat des titres, comme commissionnaire, est absolument licite et légale. Où se trouve cette restriction inscrite dans la loi ? Quelle disposition légale peut m'empêcher d'acheter ou de vendre des titres directement à une personne ? Une telle défense serait absurde, et aucun législateur n'a pensé à la formuler. Si j'ai besoin de 150 Banque ottomane, quelle est la loi qui m'oblige de recourir à l'entremise d'un agent de change pour me les procurer, tandis que je puis aller les trouver chez mon banquier? Ou bien, quel texte de loi peut m'empêcher de vendre 100 obligations Égyptiennes, autrement que par ministère d'agent de change, lorsque j'ai immédiatement preneur dans la personne d'un ami? Ni la loi, ni la jurisprudence n'ont jamais défendu la vente directe entre deux personnes. Ce qui est prohibé, c'est la recherche de la contre-partie, c'est le rôle de l'intermédiaire, qui place les deux parties en présence pour discuter les conditions de l'achat ou de la vente et qui, pour ce service, exige une rémunération. Mais, ce que le législateur n'a jamais entendu entraver, c'est le rôle soit d'acheteur ou de vendeur direct, soit celui de commissionnaire, qui, seul, engage sa responsabilité, et seul court le risque de l'accomplissement de ses engagements.

Or, voyons comment les opérations sont engagées entre MM. F... S... et Cⁱᵉ, d'une part, et M. G... d'autre part.

Les lettres d'avis, transmises le jour même de l'exécution des ordres de M. G..., portent :

« Veuillez bien noter les opérations suivantes faites *entre nous* ce jour :

Vous avez acheté *de nous*,

Ou *vous nous* avez vendu..... »

C'est donc bien une opération directement traitée entre M. G... et MM. F... S... C'est une *emptio venditio* régulière, un contrat synallagmatique complet, réunissant tous les éléments réguliers de ce genre de convention.

M. G... objectera-t-il que MM. F... S... et Cⁱᵉ lui comptent un droit de courtage, ce qui prouve qu'ils ont agi comme officier ministériel, les agents de change ayant, seuls, le droit d'exiger un courtage ?

Il est facile de répondre que tout commissionnaire a le droit d'exiger une commission pour ses peines et les soins donnés à l'opération. Du reste, ce n'est pas le courtage qui caractérise la nature de la convention, mais bien les éléments intrinsèques et constitutifs de cette convention. Or, les éléments prouvent suffisamment qu'il s'agit ici d'une opération directement traitée entre les parties, et n'exigeant pas l'intermédiaire d'un agent de change.

L'article 1993 du Code civil, auquel M. G... paraît vouloir se référer, n'a rien à faire dans la question.

Cet article, en effet, s'occupe spécialement du mandat et de l'obligation qui incombe au mandataire de rendre compte de sa gestion et de faire raison au mandant de tout ce qu'il a reçu en vertu de sa procuration, quand même ce qu'il aurait reçu n'aurait point été dû au mandant.

Or, M. G..., dans les arguments de droit mis en avant par lui, tend précisément à contester à ses adver-

saires la qualité de mandataire. L'exception tirée de
l'article 76 du Code de commerce a pour but de prouver que MM. F... S... et Cie n'ont pas légalement la
qualité de mandataire pour l'exécution des ordres de
Bourse; et, quant à l'exception de jeu, son résultat est
de faire repousser la demande de MM. F... S...
et Cie, à cause de l'immoralité originaire des opérations.

Il n'est donc pas question ici de l'obligation incom-
bant au mandataire de rendre compte de sa gestion,
puisque, nous le répétons, cette qualité de mandataire
est déniée formellement à MM. F... S... et Cie.

Au reste, ce n'est là, de la part de M. G..., qu'un
simple moyen subsidiaire. Il est inexact de croire que
l'article 1993 permette au mandant de contester, à sa
fantaisie, les opérations exécutées par son mandataire
et le compte présenté par celui-ci. La jurisprudence est
constante sur ce point. M. G... oublie que le débat est
porté sur le terrain commercial et que, par conséquent,
conformément à l'article 14 du Code de commerce, les
livres de commerce régulièrement tenus sont admissi-
bles, comme moyen de preuve, entre commerçants
pour faits de commerce.

Or, les comptes transmis à M. G... sont la copie
exacte des livres de MM. F... S..., et par conséquent
font foi entre eux et M. G...

On voit donc, d'après l'analyse du troisième argument de M. G..., que MM. F... S... et Cie ont agi
loyalement et régulièrement en exécutant les ordres de
M. G..., car ils ont fait avec lui une affaire *directe*, et
par conséquent une opération ne nécessitant pas l'entremise d'un agent de change.

Faut-il, maintenant, répondre aux deux moyens de fait présentés par M. G... ?

Il suffit de lire avec attention la correspondance échangée entre les parties pour se convaincre du peu de fondement de ces arguments.

On y verra que, si MM. F... S... et Cie ont liquidé la position de M. G..., c'est à cause du refus de celui-ci de leur donner une satisfaction quelconque, même partielle. Malgré leurs nombreuses lettres et dépêches, M. G... n'a consenti à aucun sacrifice pour faire face à des engagements d'honneur.

Pour ce qui est de la contestation du prix du cours de compensation, c'est là une objection trop peu sérieuse pour exiger une longue réfutation, et il nous suffira de rappeler que ce cours, conforme à la vérité, est celui qui est constaté et relaté sur les livres de MM. F... S... et Cie, et que les juges ont un pouvoir d'appréciation souveraine en pareille matière. Ils n'hésiteront évidemment pas entre l'affirmation de M. G... qui a manqué à tous ses engagements et ne craint pas d'appeler à son aide la mauvaise foi, et le dire de MM. F... S... et Cie, victimes des agissements de M. G...

V

Pour nous résumer, nous disons que M. G... ne peut soulever l'exception de l'article 76 du Code de commerce parce que dans l'espèce il s'agit de valeurs en banque, presque exlusivement traitées sur le marché libre : ces valeurs fussent-elles même, d'ailleurs, traitées au parquet, la preuve de la non-entremise d'un agent de change incomberait à M. G.... Celui-ci ne peut pas davantage recourir à l'article 1965 du Code civil, parce que la nouvelle loi sur les marchés à terme est une loi d'ordre public qui a, par conséquent, un effet rétro-actif. D'ailleurs, même si cette loi n'avait ni ce caractère ni cet effet, et même si les opérations n'étaient pas liquidées avant la promulgation de la loi, M. G... ne pourrait pas encore soulever l'exception de jeu, parce qu'il ne pourrait prouver que les opérations faites par lui étaient inférieures à sa position de fortune, et que MM. F...S... et Cie ont connu et facilité son intention de jouer.

Enfin, il ne peut prétendre que MM. F...S... et Cie n'ont pas agi en qualité de commissionnaire, car aucun texte de loi ne défend d'acheter ou de vendre des valeurs directement pour son compte ou pour le compte d'autrui. Or, les opérations dont il s'agit ont absolument ce caractère, les lettres d'avis en font foi.

Les moyens de fait sont absolument contredits par la correspondance et par la comptabilité régulière de MM. F...S... et Cie.

Dans toute cette affaire, la vérité est que M. G... est d'une mauvaise foi flagrante. Il ne recule devant aucun moyen, fût-ce même le plus déloyal, pour manquer à ses engagements. Mais ses efforts déséspérés n'arrive-ront pas à donner un semblant de justice et de vérité aux arguments subtils et aux allégations mensongères dérrière lesquels il cherche à s'abriter.

Paris. — Imp. P. DUBREUIL, 18 et 18 *bis*, rue des Martyrs.